The Brave Little Viking And Other Bilingual Norwegian-English Stories for Kids

Pomme Bilingual

Published by Pomme Bilingual, 2024.

While every precaution has been taken in the preparation of this book, the publisher assumes no responsibility for errors or omissions, or for damages resulting from the use of the information contained herein.

THE BRAVE LITTLE VIKING AND OTHER BILINGUAL NORWEGIAN-ENGLISH STORIES FOR KIDS

First edition. September 15, 2024.

Copyright © 2024 Pomme Bilingual.

ISBN: 979-8227360519

Written by Pomme Bilingual.

Table of Contents

De Rampete Musene i Herr Brambles Bakeri

Herr Bramble var kjent som den beste baker i byen. Han eide et koselig bakeri som alltid luktet himmelsk av nybakte brød og søte kaker. Men det som virkelig gjorde Herr Brambles bakeri spesielt, var hans hemmelige osteboller. Ingen visste hvordan han laget dem så deilige, men alle elsket dem.

Hver dag, rett før bakeren stengte butikken, ble det alltid en liten trekamp om å få kjøpe de siste ostebollene. Den som var raskest, fikk den siste. Men, det var en liten hemmelighet som ingen visste. Det var ikke bare folk som elsket ostebollene. Det var også en gruppe rampete mus.

Musene bodde i en liten hule under bakeriet. De hadde oppdaget at de kunne krype gjennom en liten sprekk i gulvet og snike seg inn for å stjele osteboller. Musene var små, men veldig lurt. De hadde laget en liten plan for å få tak i så mange osteboller som mulig.

En kveld, mens Herr Bramble var opptatt med å rydde opp og gjøre klart for neste dag, listet musene seg inn. De hadde en liten, men kraftig verktøykasse som de brukte til å bære osteboller. Musene lo og fniste mens de fylte verktøykassen med osteboller. De var i ferd med å dra, da de plutselig ble oppdaget.

Herr Bramble hørte lyden av musene og så dem stikke av med verktøykassen full av osteboller. Han visste at han måtte finne en løsning, for musene hadde blitt mer og mer dristige, og nå begynte de å ta til seg så mye de kunne.

"Jeg trenger hjelp," tenkte Herr Bramble. Han visste nøyaktig hvem han kunne spørre om hjelp. En katt ved navn Whiskers, som bodde i nabolaget, var kjent for å være veldig smart og dyktig på å fange små dyr. Whiskers hadde alltid en vits på lur og hadde et godt øye for det rare og komiske i livet.

Herr Bramble oppsøkte Whiskers og fortalte om musene som hadde stjålet osteboller.

"Jeg trenger hjelp til å fange dem," sa Herr Bramble.

Whiskers så på Herr Bramble med et skøyeraktig smil. "Å, dette høres ut som en morsom utfordring! Jeg er klar!"

Neste natt, da bakeriet var stengt, la Herr Bramble og Whiskers en plan. Whiskers klatret opp på et bord, og Herr Bramble plasserte små osteboller rundt omkring som lokkemat. De gjemte seg bak en stor kakeform og ventet.

Musene snuste seg frem til de luktet ostebollene. De begynte å komme ut av hulen og bevege seg forsiktig mot bakeren. Whiskers, som hadde en liten kikkert, kunne se hver minste bevegelse av musene. Når musene begynte å spise ostebollene, bestemte Whiskers seg for å slå til.

Med et raskt hopp, kastet Whiskers en liten bøtte med vann, og musene ble våte og overrasket. De prøvde å rømme, men Whiskers hadde allerede plassert en liten felle ved utgangen, og musene ble fanget!

Da Herr Bramble så at musene var fanget, begynte han å le. "Bra gjort, Whiskers! Dette var en vellykket felle."

Musene, som nå var fanget i fellen, så på hverandre med store øyne. De visste at de hadde blitt tatt, men de visste også at de måtte finne en måte å unngå dette i fremtiden. De begynte å be om tilgivelse, og Herr Bramble kunne ikke annet enn å føle seg litt myk.

"Hvis dere lover å ikke stjele mer, kan vi kanskje lage en liten avtale," sa Herr Bramble. "Dere kan få en ostebolle hver dag, men bare hvis dere lover å være snille."

Musene, lettet over å ikke bli straffet, lovet å være snille. De begynte å hjelpe til med å rydde opp i bakeriet og sørge for at det alltid var ryddig.

Whiskers og Herr Bramble ble gode venner, og sammen lagde de en ny regel om at musene kunne få en ostebolle hver dag. Musene lærte at det ikke lønner seg å stjele, og de fikk oppleve gleden ved å jobbe sammen og hjelpe til.

Og slik ble bakeriet kjent for sitt nye vennskap med musene, og Herr Bramble fortsatte å bake de beste ostebollene i byen. Whiskers og musene hadde mange flere eventyr sammen, og de levde lykkelig i alle sine dager, fylt med smil, latter, og selvfølgelig, osteboller.

The Mischievous Mice of Mr. Bramble's Bakery

Mr. Bramble was known as the best baker in town. He owned a cozy bakery that always smelled heavenly of freshly baked bread and sweet cakes. But what really made Mr. Bramble's bakery special were his secret cheese pastries. No one knew how he made them so delicious, but everyone loved them.

Every day, just before the baker closed the shop, there was always a little scramble to get the last cheese pastry. Whoever was fastest got the last one. But there was a little secret that no one knew. It wasn't just people who loved the cheese pastries. There was also a group of mischievous mice.

The mice lived in a small hole under the bakery. They had discovered that they could crawl through a tiny crack in the floor and sneak in to steal cheese pastries. The mice were small but very clever. They had devised a little plan to get as many cheese pastries as possible.

One evening, while Mr. Bramble was busy cleaning up and preparing for the next day, the mice sneaked in. They had a small but powerful toolbox that they used to carry the pastries. The mice laughed and giggled as they filled the toolbox with pastries. They were about to leave when they were suddenly discovered.

Mr. Bramble heard the noise of the mice and saw them scampering away with the toolbox full of pastries. He knew he had to find a solution, for the mice had become bolder and were now taking as much as they could.

"I need help," thought Mr. Bramble. He knew exactly who he could ask for help. A cat named Whiskers, who lived in the neighborhood, was known for being very smart and skilled at catching small animals. Whiskers always had a joke ready and had a good eye for the odd and comical things in life.

Mr. Bramble visited Whiskers and told him about the mice that had stolen the pastries.

"I need help to catch them," said Mr. Bramble.

Whiskers looked at Mr. Bramble with a mischievous smile. "Oh, this sounds like a fun challenge! I'm in!"

The next night, when the bakery was closed, Mr. Bramble and Whiskers made a plan. Whiskers climbed onto a table, and Mr. Bramble placed small cheese pastries around as bait. They hid behind a large cake tin and waited.

The mice sniffed out the smell of the pastries. They started coming out of the hole and moving cautiously towards the baker. Whiskers, who had a small telescope, could see every tiny movement of the mice. When the mice began to eat the pastries, Whiskers decided it was time to strike.

With a swift leap, Whiskers threw a small bucket of water, and the mice got wet and surprised. They tried to escape, but Whiskers had already placed a small trap at the exit, and the mice were caught!

When Mr. Bramble saw that the mice were caught, he began to laugh. "Well done, Whiskers! This was a successful trap."

The mice, now trapped in the trap, looked at each other with wide eyes. They knew they had been caught, but they also knew they had to find a way to avoid this in the future. They began to beg for forgiveness, and Mr. Bramble couldn't help but feel a bit soft-hearted.

"If you promise not to steal anymore, we might make a little deal," said Mr. Bramble. "You can have a cheese pastry every day, but only if you promise to be good."

The mice, relieved not to be punished, promised to be good. They began to help clean up the bakery and ensure it was always tidy.

Whiskers and Mr. Bramble became good friends, and together they made a new rule that the mice could have a cheese pastry every day. The mice learned that stealing didn't pay off, and they experienced the joy of working together and helping out.

And so the bakery became known for its new friendship with the mice, and Mr. Bramble continued to bake the best cheese pastries in town. Whiskers and the mice had many more adventures together, and they lived happily ever after, filled with smiles, laughter, and of course, cheese pastries.

Luna og den Magiske Paraplyen

Luna var en livlig liten jente som elsket regnbuer. Hver gang det regnet, sto hun ved vinduet og så etter regnbuen som ofte fulgte etter. Luna trodde at regnbuer var portaler til fantastiske steder, og hun drømte om å besøke dem en dag.

En solfylt ettermiddag, da regnet akkurat hadde sluttet, oppdaget Luna noe uvanlig mens hun lekte i parken. Hun så noe som skinte mellom trærne. Det var en gammel paraply som lå i gresset, dekket med glitrende dråper. Luna gikk bort til paraplyen og så nærmere på den. Den var ikke som vanlige paraplyer; den var prydet med stjerner og måner i alle regnbuens farger.

Luna plukket opp paraplyen og så på den med nysgjerrighet. Det var noe magisk ved den. Plutselig begynte paraplyen å glitre, og en lysende aura omfavnet Luna. Før hun visste ordet av det, hadde paraplyen åpnet seg og løftet henne opp i luften. Luna følte et pirrende sus, og hun ble omsluttet av farger og lys.

Da hun endelig åpnet øynene igjen, var hun ikke i parken lenger. Luna befant seg i en helt annen verden, fylt med fantastiske farger og utrolige skapninger. Hun så seg rundt og oppdaget en lysende skog med trær som hadde blader i alle regnbuens farger. Fugler med glitrende fjær fløy omkring, og det var en søt, mild musikk i luften.

"Velkommen, Luna!" ropte en liten stemme. Luna så ned og oppdaget en liten alv med vinger som skinte som diamanter. "Jeg heter Lila, og jeg er vokter av denne verden. Hva bringer deg hit?"

"Jeg fant denne paraplyen," svarte Luna og viste frem den magiske paraplyen. "Og så ble jeg transportert hit."

Lila smilte. "Ah, den magiske paraplyen! Den har kraften til å ta deg til forskjellige fargerike verdener. Men, for å dra tilbake, må du løse en utfordring i hver verden."

Luna ble begeistret. "Fortell meg mer!"

Lila forklarte at hver verden hadde sin egen utfordring som Luna måtte løse for å kunne reise videre. "I denne verdenen, må du hjelpe oss med å finne den tapte solstenen. Den gir oss lys og farge, men den har forsvunnet."

Luna nikket ivrig. "Jeg skal hjelpe dere!"

Luna og Lila begynte å lete etter solstenen. De klatret opp i de fargerike trærne, fløy med fuglene og lette under blomsterenga. De spurte også de vennlige skapningene som bodde i denne verdenen, som var glitrende sommerfugler og små, vennlige feer. Ingen hadde sett solstenen, men de hadde hørt rykter om at en drage hadde blitt sett i nærheten.

"Vi må finne denne dragen," sa Lila. "Kanskje den vet noe om solstenen."

Luna og Lila reiste gjennom en fjellovergang og kom til en lysende hule. Inne i hulen så de en stor, glitrende drage som lå på en haug med steiner.

"Unnskyld," sa Luna forsiktig. "Vi leter etter solstenen. Vet du noe om den?"

Dragen åpnet øynene og smilte. "Jeg har sett en lysende stein, men den er nå i elven som renner gjennom den mørke dalen. Jeg la den der for å beskytte den mot å bli stjålet."

"Vi må hente den," sa Luna. Dragen nikket og ga dem en magisk krukke som ville hjelpe dem på veien.

Luna og Lila gikk mot den mørke dalen. Det var skummelt, men Luna var modig. Med hjelp av den magiske krukken klarte de å navigere gjennom mørket og fant solstenen som lå i elven. Solstenen glødet varmt og vakkert.

De tok solstenen tilbake til Lila og de andre. Alle feiret solstenens tilbakekomst med en stor fest. Trærne begynte å skinne enda mer, og fuglene sang høyt.

"Du har gjort en flott jobb, Luna," sa Lila. "Nå er det tid for å dra til den neste verdenen."

Luna åpnet paraplyen igjen og ble løftet opp i luften. Når hun åpnet øynene, var hun i en ny, fargerik verden. Denne gangen var hun omgitt av svevende øyer og blomster som snakket. Hver blomst hadde en egen personlighet og delte visdom om hvordan man skulle overvinne hindringer i denne verdenen.

"Hver blomst har en utfordring for deg," forklarte en stor, snakkende blomst. "Fullfør dem, og du vil lære mer om denne verdenen."

Luna begynte å fullføre utfordringene, som å løse gåter og hjelpe blomster med å arrangere et festival. Det var mange morsomme og interessante oppgaver, og hun ble venner med mange av blomstene.

Når hun hadde fullført alle utfordringene, fikk hun en magisk nøkkel som kunne åpne en dør til den neste verdenen. Luna åpnet paraplyen igjen og ble transportert til en ny verden med isblå innsjøer og snøfnugg som danset i luften. Her var oppgaven å hjelpe en gruppe små snøfolks å finne en stjålet snøkrystall som kunne lyse opp vinteren.

Hver verden Luna besøkte var unik, fylt med sine egne utfordringer og karakterer. Hun lærte mye om seg selv, om samarbeid, og om gleden ved å hjelpe andre.

Til slutt, etter å ha fullført alle utfordringene, kom Luna tilbake til den første verdenen hvor hun begynte. Hun var takknemlig for alle de fantastiske opplevelsene og vennene hun hadde fått. Lila og de andre vennene ga henne en spesiell gave – en liten regnbuebro som alltid ville minne henne om hennes eventyr.

"Jeg vil aldri glemme dette," sa Luna. "Takk for alt."

Da Luna kom tilbake til parken, var hun fortsatt i besittelse av paraplyen. Hun visste at hun alltid kunne bruke den til å besøke nye, magiske verdener. Men for nå, var hun glad for å være hjemme og nyte regnbuene hun så hver gang det regnet.

Luna fortsatte å dra på små eventyr med paraplyen sin, og hun delte sine historier med vennene sine. Hun visste at hun hadde oppdaget noe helt spesielt, og hun var alltid klar for nye eventyr når regnet kom.

Luna and the Magic Umbrella

Luna was a lively little girl who loved rainbows. Whenever it rained, she would stand by the window and look for the rainbow that often followed. Luna believed that rainbows were portals to fantastic places, and she dreamed of visiting them one day.

One sunny afternoon, just after the rain had stopped, Luna discovered something unusual while playing in the park. She saw something shimmering among the trees. It was an old umbrella lying in the grass, covered with sparkling drops. Luna walked over to the umbrella and took a closer look. It wasn't like ordinary umbrellas; it was adorned with stars and moons in all the colors of the rainbow.

Luna picked up the umbrella and looked at it with curiosity. There was something magical about it. Suddenly, the umbrella began to sparkle, and a glowing aura enveloped Luna. Before she knew it, the umbrella had opened and lifted her up into the air. Luna felt a thrilling rush, and she was surrounded by colors and light.

When she finally opened her eyes again, she was no longer in the park. Luna found herself in a completely different world, filled with amazing colors and incredible creatures. She looked around and discovered a glowing forest with trees that had leaves in every color of the rainbow. Birds with shimmering feathers flew around, and there was a sweet, gentle music in the air.

"Welcome, Luna!" a small voice called out. Luna looked down and saw a tiny fairy with wings that sparkled like diamonds. "My name is Lila, and I am the guardian of this world. What brings you here?"

"I found this umbrella," Luna replied, showing the magical umbrella. "And then I was transported here."

Lila smiled. "Ah, the magical umbrella! It has the power to take you to different colorful worlds. But, to return, you must solve a challenge in each world."

Luna was excited. "Tell me more!"

Lila explained that each world had its own challenge that Luna had to solve in order to move on. "In this world, you must help us find the lost sunstone. It provides us with light and color, but it has disappeared."

Luna nodded eagerly. "I'll help you!"

Luna and Lila began searching for the sunstone. They climbed up the colorful trees, flew with the birds, and looked under the flower meadows. They also asked the friendly creatures living in this world, such as glittering butterflies and small, friendly fairies. No one had seen the sunstone, but they had heard rumors that a dragon had been seen nearby.

"We need to find this dragon," said Lila. "Maybe it knows something about the sunstone."

Luna and Lila traveled through a mountain pass and came to a glowing cave. Inside the cave, they saw a large, glittering dragon lying on a pile of stones.

"Excuse me," said Luna cautiously. "We're looking for the sunstone. Do you know anything about it?"

The dragon opened its eyes and smiled. "I have seen a glowing stone, but it is now in the river that flows through the dark valley. I placed it there to protect it from being stolen."

"We need to retrieve it," said Luna. The dragon nodded and gave them a magical jar to help them on their way.

Luna and Lila headed towards the dark valley. It was spooky, but Luna was brave. With the help of the magical jar, they managed to navigate through the darkness and found the sunstone lying in the river. The sunstone glowed warmly and beautifully.

They took the sunstone back to Lila and the others. Everyone celebrated the return of the sunstone with a big party. The trees began to shine even more, and the birds sang loudly.

"You've done a great job, Luna," said Lila. "Now it's time to move on to the next world."

Luna opened the umbrella again and was lifted up into the air. When she opened her eyes, she was in a new, colorful world. This time, she was surrounded by floating islands and talking flowers. Each flower had its own personality and shared wisdom on how to overcome obstacles in this world.

"Each flower has a challenge for you," explained a large, talking flower. "Complete them, and you will learn more about this world."

Luna began to complete the challenges, such as solving riddles and helping flowers arrange a festival. There were many fun and interesting tasks, and she made friends with many of the flowers.

When she had completed all the challenges, she received a magical key that could open a door to the next world. Luna opened the umbrella again and was transported to a new world with icy blue lakes and snowflakes dancing in the air. Here, the task was to help a group of small snowfolk find a stolen snow crystal that could light up the winter.

Each world Luna visited was unique, filled with its own challenges and characters. She learned a lot about herself, about cooperation, and about the joy of helping others.

Finally, after completing all the challenges, Luna returned to the first world where she began. She was grateful for all the wonderful experiences and friends she had made. Lila and the other friends gave her a special gift—a small rainbow bridge that would always remind her of her adventures.

"I will never forget this," said Luna. "Thank you for everything."

When Luna returned to the park, she still had the umbrella. She knew she could always use it to visit new, magical worlds. But for now, she was happy to be home and enjoy the rainbows she saw every time it rained.

Luna continued to go on small adventures with her umbrella, and she shared her stories with her friends. She knew she had discovered something truly special, and she was always ready for new adventures when the rain came.

Den Modige Lille Vikingen

I en liten landsby, langt fra de store og mektige vikingsbyene, bodde det en liten viking ved navn Olaf. Olaf var kjent for å være beskjeden og litt redd for store eventyr. Han var ikke som de store vikingenes helter som ofte ble beskrevet i sangene—med styrke, modighet, og kraft. Han var liten, med tynne armer og en mild stemme. Men han hadde alltid en drøm om å være en stor helt, akkurat som de vikinger han hadde hørt så mye om.

Landsbyen hans var en koselig, men enkel plass med små hus og hyggelige folk. De fleste av innbyggerne var bønder, fiskere, og håndverkere som levde et fredelig liv. Men en dag skjedde det noe som rystet den lille landsbyen. En fryktinngytende drage begynte å terrorisere området rundt. Den var stor, med skjell som glitret i solen, og en ild som brant i dens kraftige åndedrag. Dragen stjal avlingene, ødela hus, og skapte frykt blant folkene.

Alle i landsbyen var redde, og ingen visste hva de skulle gjøre. De store krigerne i landsbyen, med sine kraftige våpen og tykke skjold, samlet seg for å planlegge en strategi. De snakket om hvordan de skulle overvinne dragen, men ingen visste hvordan de skulle konfrontere en så mektig fiende. Olaf, som alltid hadde drømt om å være en helt, så på dette fra sidelinjen. Han følte seg liten og utilstrekkelig, men han visste at han ønsket å hjelpe.

En dag, mens han satt i den lille stuen sin og så ut på det stormfulle været, fikk han en idé. Han ville ikke være som de store krigerne som brukte styrke og våpen. Han bestemte seg for å bruke sitt eget hode og fantasi. Han begynte å lage en plan. Olaf visste at han ikke kunne bekjempe dragen med kraft alene, men kanskje kunne han bruke sitt intellekt og mot til å gjøre en forskjell.

Olaf begynte å samle ressurser—ting han trodde kunne hjelpe ham på reisen. Han fant gamle bøker om vikinghistorie, lagde en rustning av gamle skinnrester, og laget en liten båt. Han visste at han måtte navigere gjennom elven som fløt gjennom dalen, for dragen hadde sin hule der.

Da dagen kom for Olaf å sette planen sin ut i livet, var han både nervøs og spent. Han satte på seg rustningen, som var litt stor for ham, og heiste en liten, rusten øks han hadde funnet. Selv om han ikke følte seg veldig sterk, hadde han besluttet seg for å prøve. Han gikk til landsbyens torv og forklarte sin plan til de andre vikinger. Mange lo av ham, og noen ristet på hodet. Men Olaf hadde besluttet seg for å følge sin egen vei, uansett hva andre mente.

Olaf satte seil i den lille båten sin, og da han kom til elven, begynte han å navigere forsiktig nedover mot dragens hule. Underveis så han på de vakre landskapene og prøvde å holde motet oppe. Han visste at han måtte være smart, ikke bare modig.

Da han kom til dragens hule, oppdaget han at dragen var ute og jaktet. Olaf listet seg inn i hulen og begynte å utforske. Han la merke til at hulen var fylt med skatter—skinnende gullmynter, dyrebare stener, og eldgammel magi. Men det var ikke skattene han var ute etter. Han lette etter noe som kunne hjelpe ham med å overvinne dragen.

Han kom over en gammel bok som var dekket med støv. Når han åpnet den, oppdaget han at det var en bok med historier om gamle vikinger og deres mytiske eventyr. En av historiene handlet om en modig helt som overvant en fryktinngytende drage ved å bruke list og kløkt. Olaf leste videre og oppdaget en plan som kunne hjelpe ham med å takle dragen.

Ifølge boken måtte han lure dragen ved å bruke en kraftig, men enkel illusjon. Han bestemte seg for å lage en stor, falsk ild som kunne lure dragen til å tro at det var en annen trussel som nærmet seg. Han fant gamle oljekanner og fyrte opp en stor ild ved inngangen til hulen. Når dragen kom tilbake, så den den enorme flammen og ble skremt. Den trodde det var en annen, enda farligere skapning som hadde kommet for å ta dets skatter.

Dragen fløy ut av hulen i frykt, og Olaf så sitt øyeblikk. Han tok det han kunne bære—gullmynter, edelstener, og den eldgamle boken. Han seilte tilbake til landsbyen, og da han ankom, ble han møtt med undring og beundring fra de andre vikinger. De hadde aldri sett en liten, timid viking ta på seg en så stor oppgave og lykkes.

De store krigerne i landsbyen var imponert over Olafs mot og kløkt. De visste at de kanskje ikke kunne ha beseiret dragen på egen hånd, men med Olafs hjelp hadde de fått tilbake skattene sine, og dragen hadde blitt skremt bort for godt.

Olaf ble feiret som en ekte helt. Han hadde vist at selv den mest beskjedne viking kan være modig, og at heltemot ikke alltid handler om styrke, men om å bruke hodet og aldri gi opp. Landsbyen hadde lært en viktig lekse: at heltemot kommer i alle størrelser, og alle kan være en helt hvis de tør å følge sine drømmer.

Så, mens solen skinte over landsbyen og alle feiret, satt Olaf og tenkte på hvor langt han hadde kommet. Han visste at han hadde oppnådd mer enn han noen gang hadde drømt om. Han hadde bevist for seg selv og for alle andre at ekte heltemot kommer fra å tro på seg selv og være villig til å gjøre det umulige.

Da kvelden kom, satt Olaf under stjernene, med den gamle boken ved siden av seg, og tenkte på alle de eventyrene som kanskje ventet ham i fremtiden. Han visste at han alltid ville være klar for å møte nye utfordringer, med mot og kløkt som hans beste våpen.

The Brave Little Viking

In a small village, far from the great and mighty Viking towns, lived a little Viking named Olaf. Olaf was known for being modest and a bit afraid of big adventures. He was not like the great Viking heroes often described in songs—full of strength, courage, and power. He was small, with thin arms and a gentle voice. But he always had a dream of being a great hero, just like the Vikings he had heard so much about.

His village was a cozy but simple place with small houses and friendly people. Most of the villagers were farmers, fishermen, and craftsmen who lived a peaceful life. But one day, something happened that shook the small village. A fearsome dragon began to terrorize the surrounding area. It was large, with scales that glittered in the sun, and a fire that burned with its powerful breath. The dragon stole crops, destroyed houses, and instilled fear among the people.

Everyone in the village was scared, and no one knew what to do. The big warriors of the village, with their powerful weapons and thick shields, gathered to plan a strategy. They talked about how to overcome the dragon, but no one knew how to confront such a mighty foe. Olaf, who had always dreamed of being a hero, watched from the sidelines. He felt small and inadequate, but he knew he wanted to help.

One day, while sitting in his small room and looking out at the stormy weather, he had an idea. He didn't want to be like the big warriors who used strength and weapons. He decided to use his own head and imagination. He began to make a plan. Olaf knew he couldn't defeat the dragon with strength alone, but maybe he could use his intellect and bravery to make a difference.

Olaf began gathering resources—things he thought might help him on his journey. He found old books about Viking history, made armor out of old leather scraps, and built a small boat. He knew he had to navigate the river that flowed through the valley, as the dragon had its lair there.

When the day came for Olaf to put his plan into action, he was both nervous and excited. He put on the armor, which was a bit big for him, and hoisted a small, rusty axe he had found. Even though he didn't feel very strong, he was determined to try. He went to the village square and explained his plan to the other Vikings. Many laughed at him, and some shook their heads. But Olaf had decided to follow his own path, no matter what others thought.

Olaf set sail in his small boat, and when he reached the river, he began to navigate carefully down toward the dragon's lair. Along the way, he admired the beautiful landscapes and tried to keep his spirits up. He knew he had to be smart, not just brave.

When he arrived at the dragon's lair, he discovered that the dragon was out hunting. Olaf sneaked into the lair and began to explore. He noticed that the lair was filled with treasures—shining gold coins, precious stones, and ancient magic. But it was not the treasures he was after. He was looking for something that could help him overcome the dragon.

He came across an old book covered in dust. When he opened it, he found that it was a book with stories about ancient Vikings and their mythical adventures. One of the stories was about a brave hero who defeated a fearsome dragon by using cunning and cleverness. Olaf read further and discovered a plan that could help him deal with the dragon.

According to the book, he needed to trick the dragon by using a powerful but simple illusion. He decided to create a large, fake fire that could trick the dragon into thinking there was another threat approaching. He found old oil cans and started a large fire at the entrance of the lair. When the dragon returned, it saw the huge flame and was frightened. It thought there was another, even more dangerous creature coming to take its treasures.

The dragon flew out of the lair in fear, and Olaf saw his opportunity. He took what he could carry—gold coins, precious stones, and the ancient book. He sailed back to the village, and when he arrived, he was met with astonishment and admiration from the other Vikings. They had never seen a small, timid Viking take on such a big task and succeed.

The great warriors of the village were impressed by Olaf's bravery and cleverness. They knew they might not have defeated the dragon on their own, but with Olaf's help, they had regained their treasures, and the dragon had been scared away for good.

Olaf was celebrated as a true hero. He had shown that even the most modest Viking could be brave, and that heroism is not always about strength but about using one's head and never giving up. The village had learned an important lesson: that heroism comes in all sizes, and anyone can be a hero if they dare to follow their dreams.

So, as the sun shone over the village and everyone celebrated, Olaf sat and thought about how far he had come. He knew he had achieved more than he had ever dreamed. He had proven to himself and to everyone else that true heroism comes from believing in oneself and being willing to do the impossible.

As evening fell, Olaf sat under the stars, with the old book beside him, thinking about all the adventures that might await him in the future. He knew he would always be ready to face new challenges, with courage and cleverness as his best weapons.

Frøen Fredrick som Ønsket å Bli Rockestjerne

———

I en liten dam i en fredelig skog bodde det en frø ved navn Fredrick. Fredrick var ikke en vanlig frø; han hadde en drøm som var alt annet enn vanlig. Han ønsket å bli en rockestjerne. Hver dag kunne du høre ham synge rockesanger for de andre dyrene i skogen, og han hadde en så sterk lidenskap for musikk at han trodde han kunne bli den største stjernen skogen noensinne hadde sett.

Men Fredrick hadde ett stort problem. Ingen av dyrene i skogen så ut til å ta ham seriøst. Hver gang han spurte om de ville være med i bandet hans, ble han møtt med latter og tvil. "En frø som rockestjerne?" spurte de. "Det er en morsom idé, men hvordan skal du få det til?"

Fredrick ble ikke motløs. Han bestemte seg for å finne dyrene i skogen som også hadde litt av en drøm, men som kanskje ikke fikk så mye oppmerksomhet. Han begynte å lete etter spesielle talenter blant sine dyrevenner.

Den første dyret han møtte var en veldig musikalsk fugl som het Bella. Bella var kjent for sin vakre sangstemme, men hun var også kjent for å være litt nervøs foran store publikum. Fredrick fortalte Bella om drømmen sin om å danne et rockeband, og Bella ble umiddelbart interessert. Hun var klar til å bidra med sin vakre stemme, men hun var også redd for å prestere foran en stor mengde.

Neste dyrevenn han fant var en stor, flott skilpadde ved navn Max. Max var en flink trommeslager, men han var veldig langsom og hadde en tendens til å ta seg god tid med alt han gjorde. Fredrick var usikker på om Max kunne følge med i et raskt rocketempo, men Max var ivrig etter å være med, og lovet å gjøre sitt beste.

Til slutt, kom Fredrick over en liten mus ved navn Mimi. Mimi var kjent for å være veldig rask og hadde en utrolig evne til å spille gitar. Hun hadde et energisk personlighetsdrag, men hun var litt sjenert når det gjaldt å spille foran andre. Fredrick visste at hun kunne være en stor ressurs for bandet sitt.

Med disse tre dyrevennene ved sin side, hadde Fredrick endelig samlet sitt rockeband. De bestemte seg for å øve i en stor hul trestamme som lå ved kanten av dammen. Men det var ikke lett å få alt til å fungere. Bella var nervøs og mistet stemmen hver gang hun skulle synge høyt, Max var for treg med trommene, og Mimi hadde problemer med å spille gitaren i takt med de andre.

Fredrick var fast bestemt på å få bandet sitt til å fungere. Han organiserte prøver, laget oppgaver for hver av dem, og jobbet sammen med dem for å overvinne de forskjellige utfordringene. De øvde hver dag, og etterhvert ble de flinkere. Bella begynte å bli mer komfortabel med å synge foran sine venner, Max klarte å spille trommene i et raskere tempo, og Mimi ble mer selvsikker med gitaren.

Men de møtte en ny utfordring da de fikk vite om en stor musikkfestival som skulle finne sted i skogen. Festivalen var en mulighet for dem å vise seg fram for hele skogen, men konkurransen var tøff. Mange av de andre bandene var mye mer erfarne og hadde allerede et stort publikum.

Fredrick og bandet hans bestemte seg for å delta, til tross for nervøsiteten. De begynte å forberede seg for festivalen. De laget kostymer, skrev egne sanger, og øvde intens på hver eneste note. De visste at de måtte gi alt de hadde for å imponere publikum.

Festivalen kom, og hele skogen var fylt med lyder av musikk og jubel. Bandene spilte på en stor scene, og Fredrick og bandet hans var nervøse men spente. De ventet på sin tur, og det virket som en evighet før de endelig ble annonsert.

Når Fredrick og bandet hans endelig kom på scenen, var de utrolig nervøse. Bella kunne føle hjertet sitt banke raskt, Max var mer spent enn noen gang, og Mimi hadde sommerfugler i magen. Men så, når musikken startet, skjedde noe fantastisk. Fredrick begynte å synge med all sin kraft, Bella fant sin indre styrke og leverte en strålende vokalprestasjon, Max spilte trommene med stor presisjon, og Mimi spilte gitaren med en energi som fyllte hele rommet.

Publikummet ble helt fascinert. Dyrene i skogen ble imponert over det de så og hørte. Fredrick og bandet hans spilte med så mye følelser og engasjement at det var umulig å ikke bli rørt. Folk begynte å danse, synge med, og hele området ble fylt med glede og energi.

Da konserten var over, var Fredrick og bandet hans møtt med et stående ovasjon. Publikum jublet og klappet, og Fredrick følte seg som en ekte rockestjerne. Det var en drøm som var blitt virkelighet. Selv om bandet hans kanskje ikke var perfekt, hadde de klart å formidle sin lidenskap for musikk og skape en uforglemmelig opplevelse for alle som så dem.

Fra den dagen ble Fredrick og bandet hans kjent i hele skogen. De ble invitert til å spille på flere arrangementer, og de ble til og med tildelt en pris for deres unike bidrag til musikkverdenen. Fredrick hadde vist alle at det å følge drømmene sine og aldri gi opp kan føre til fantastiske resultater, selv om man møter mange utfordringer på veien.

Fredrick lærte en viktig lekse: At det ikke handler om å være den beste eller mest erfarne, men om å ha tro på seg selv og jobbe sammen med vennene sine for å nå målene sine. Han og bandet hans fortsatte å spille sammen, og hver dag var fylt med musikk, latter, og glede.

Så, mens solen gikk ned over skogen og stjernene begynte å lyse opp nattehimmelen, satt Fredrick sammen med Bella, Max, og Mimi, og reflekterte over reisen de hadde gjort. De visste at de hadde oppnådd noe virkelig spesielt, og de var takknemlige for alle de fantastiske opplevelsene de hadde delt sammen.

Fredrick så på stjernene og tenkte på hva fremtiden ville bringe. Han visste at han ville fortsette å følge drømmen sin, uansett hvilke utfordringer som måtte komme. Med sine dyktige venner ved sin side, var han klar for alle de musikalske eventyrene som ventet dem.

Fredrick the Frog Who Wanted to Be a Rock Star

In a small pond in a peaceful forest lived a frog named Fredrick. Fredrick was no ordinary frog; he had a dream that was anything but ordinary. He wanted to become a rock star. Every day, you could hear him singing rock songs for the other animals in the forest, and he had such a strong passion for music that he believed he could become the biggest star the forest had ever seen.

But Fredrick had one big problem. None of the animals in the forest seemed to take him seriously. Whenever he asked if they wanted to join his band, he was met with laughter and doubt. "A frog as a rock star?" they asked. "That's a funny idea, but how are you going to pull it off?"

Fredrick didn't get discouraged. He decided to find animals in the forest who also had a dream, but perhaps didn't get much attention. He started searching for special talents among his animal friends.

The first animal he met was a very musical bird named Bella. Bella was known for her beautiful singing voice, but she was also known for being a bit nervous in front of large audiences. Fredrick told Bella about his dream of forming a rock band, and Bella was immediately interested. She was ready to contribute her beautiful voice, but she was also afraid of performing in front of a big crowd.

Next, Fredrick found a large, impressive turtle named Max. Max was a skilled drummer, but he was very slow and had a tendency to take his time with everything he did. Fredrick was unsure if Max could keep up with a fast rock tempo, but Max was eager to join and promised to do his best.

Finally, Fredrick came across a small mouse named Mimi. Mimi was known for being very fast and had an incredible ability to play the guitar. She had an energetic personality, but she was a bit shy when it came to performing in front of others. Fredrick knew she could be a great asset to his band.

With these three animal friends by his side, Fredrick finally had his rock band. They decided to practice in a large hollow tree trunk at the edge of the pond. But it wasn't easy to get everything to work. Bella was nervous and lost her voice every time she had to sing loudly, Max was too slow with the drums, and Mimi had trouble playing the guitar in sync with the others.

Fredrick was determined to make his band work. He organized rehearsals, set tasks for each of them, and worked together with them to overcome the various challenges. They practiced every day, and gradually they got better. Bella became more comfortable singing in front of her friends, Max managed to play the drums at a faster pace, and Mimi grew more confident with the guitar.

But they faced a new challenge when they learned about a big music festival taking place in the forest. The festival was an opportunity for them to show themselves off to the entire forest, but the competition was tough. Many of the other bands were much more experienced and already had a large audience.

Fredrick and his band decided to participate, despite their nervousness. They began preparing for the festival. They made costumes, wrote their own songs, and practiced intensely on every single note. They knew they had to give it their all to impress the audience.

The festival arrived, and the entire forest was filled with the sounds of music and cheers. The bands played on a large stage, and Fredrick and his band were nervous but excited. They waited for their turn, and it felt like an eternity before they were finally announced.

When Fredrick and his band finally took the stage, they were incredibly nervous. Bella could feel her heart racing, Max was more excited than ever, and Mimi had butterflies in her stomach. But then, when the music started, something magical happened. Fredrick began to sing with all his might, Bella found her inner strength and delivered a stunning vocal performance, Max played the drums with great precision, and Mimi played the guitar with an energy that filled the whole room.

The audience was completely captivated. The animals in the forest were impressed by what they saw and heard. Fredrick and his band played with so much emotion and enthusiasm that it was impossible not to be moved. People began to dance, sing along, and the entire area was filled with joy and energy.

When the concert was over, Fredrick and his band were met with a standing ovation. The audience cheered and clapped, and

Fredrick felt like a real rock star. It was a dream that had come true. Even though his band might not have been perfect, they had managed to convey their passion for music and create an unforgettable experience for everyone who saw them.

From that day on, Fredrick and his band became known throughout the forest. They were invited to perform at more events, and they were even awarded a prize for their unique contribution to the music world. Fredrick had shown everyone that following your dreams and never giving up can lead to fantastic results, even if you face many challenges along the way.

Fredrick learned an important lesson: that it's not about being the best or most experienced, but about believing in yourself and working together with your friends to achieve your goals. He and his band continued to play together, and each day was filled with music, laughter, and joy.

So, as the sun set over the forest and the stars began to light up the night sky, Fredrick sat with Bella, Max, and Mimi, reflecting on the journey they had made. They knew they had achieved something truly special, and they were grateful for all the wonderful experiences they had shared together.

Fredrick looked at the stars and thought about what the future would bring. He knew he would continue to follow his dream, no matter what challenges might come. With his talented friends by his side, he was ready for all the musical adventures that awaited them.

Den Fortryllede Skogen i Bumblesnort

I den mystiske og magiske Bumblesnort-skogen bodde det en rekke fantastiske skapninger. Skogen var fylt med lysende blomster, syngende trær og små elver som glitret i sollyset. Men det var en ting som manglet i denne vakre skogen. Ingen av skapningene kunne lenger le. En merkelig forhekselse hadde senket skogen i en dyster stemning, og selv de mest sprudlende skapninger kunne ikke finne en grunn til å smile.

Midt i denne sorgfulle skogen bodde en modig ung ekorn ved navn Nutty. Nutty var kjent for sin sprudlende personlighet og sin evne til å bringe glede til alle rundt seg. Selv når skyene hang tungt over skogen, prøvde Nutty å finne små gleder i hverdagen, selv om hun selv begynte å føle vekten av den triste atmosfæren.

En dag, mens Nutty utforsket skogen, kom hun over en gammel, vis eik ved navn Elda. Elda var kjent for å ha omfattende kunnskap om Bumblesnorts hemmeligheter, og hun hadde lenge vært stille og alvorlig på grunn av den pågående forhekselsen. Nutty nærmet seg Elda og spurte, "Elda, er det noe jeg kan gjøre for å hjelpe skogen? Jeg har lagt merke til hvor trist alle er, og jeg vil gjøre alt jeg kan for å få dem til å le igjen."

Elda så på Nutty med milde, gamle øyne og svarte, "Kjære Nutty, det finnes en magisk bær som heter 'Latterbæret'. Dette bæret har kraften til å gjenopprette latter og glede i Bumblesnort. Men det er ikke lett å finne. Bæret vokser bare på den høyeste toppen av Gledesfjellet, og veien dit er fylt med utfordringer og farer."

Nutty nikket bestemt. "Jeg vil dra til Gledesfjellet og finne Latterbæret. Jeg kan ikke la skogen forbli trist."

Elda smilte svakt og gav Nutty en liten, gyllen nøkkel. "Denne nøkkelen vil hjelpe deg på din vei. Den åpner en gammel dør som ligger skjult i skogen, og som kan gi deg hjelp når du trenger det."

Med nøkkelen i hånden og et modig hjerte begynte Nutty sin reise. Hun la ut på en sti som førte til Gledesfjellet, og på veien møtte hun mange merkelige og eventyrlige skapninger. Først møtte hun en snakkende sommerfugl ved navn Flutter, som fløy rundt henne med et blafrende smil.

"Heisann, lille ekorn!" sa Flutter. "Hva bringer deg til denne delen av skogen?"

Nutty forklarte sin oppgave og Flutter ble rørt. "Det er en nobel oppgave du har. Jeg vil hjelpe deg. Jeg kan guide deg til en elv som vil gi deg styrke for reisen."

Med Flutter som guide nådde Nutty en krystallklar elv som sprutet av glitrende vann. Etter å ha drukket av elvens vann, følte Nutty seg fylt med ny energi og styrke. Hun takket Flutter, og sommerfuglen fløy videre mens Nutty fortsatte mot Gledesfjellet.

Neste utfordring på Nuttys vei var å krysse en bred elv. Heldigvis møtte hun en gammel, klok skilpadde ved navn Toby som solbade ved bredden. Toby tilbød å hjelpe Nutty med å komme over elven ved å gi henne et par magiske steiner.

"Disse steinene vil gjøre det lettere for deg å krysse elven," sa Toby. "Men husk, du må holde motet oppe, selv når det ser vanskelig ut."

Nutty takket Toby og begynte å kaste de magiske steinene fra stein til stein over elven. Selv om elven var bred og strømmene var sterke, klarte hun å komme over uten problemer. Med takknemlighet og nyvunnen styrke fortsatte hun mot Gledesfjellet.

Da Nutty nærmet seg fjellet, ble hun møtt av en enorm labyrint av kaktuser og tornebusker. Labyrinten var kjent for å være et testområde for dem som ønsket å nå toppen av fjellet. Men Nutty hadde ikke tenkt å gi opp. Hun husket nøkkelen som Elda hadde gitt henne og undret om det var en måte å bruke den på.

Som hun utforsket labyrinten, fant hun en liten dør skjult bak et tykt lag med tornebusker. Nutty brukte nøkkelen til å åpne døren, og der inne oppdaget hun en koselig liten hule fylt med lysende krystaller. Krystallene kastet et mykt, beroligende lys og skapte en vakker atmosfære.

I hulen møtte Nutty en vennlig, magisk fe ved navn Sparkle. "Velkommen, Nutty," sa Sparkle med et glitrende smil. "Jeg har ventet på deg. Jeg vil hjelpe deg med å navigere gjennom labyrinten og til toppen av Gledesfjellet."

Sparkle brukte sine magiske krefter til å lyse opp veien gjennom labyrinten og beskytte Nutty fra farlige tornbusker og kaktuser. Sammen klarte de å finne veien ut og kom til toppen av Gledesfjellet. Der, på den høyeste toppen, fant de et lite, glitrende bær som skinte med alle regnbuens farger. Det var Latterbæret.

Nutty plukket bæret forsiktig og følte en bølge av glede og forventning. Med Latterbæret i hånden, begynte hun nedstigningen fra fjellet. På vei tilbake til Bumblesnort-skogen, møtte hun flere skapninger som hun tidligere hadde møtt. Hun delte bæret med dem, og snart begynte skogen å fylles med latter og glede.

Da Nutty kom tilbake til skogen, var det som om en magisk transformasjon hadde skjedd. Dyrene som hadde vært triste og alvorlige begynte å le og smile igjen. Latteren spredte seg raskt fra den ene enden av skogen til den andre, og stemningen ble fylt med en lysere og mer livlig atmosfære.

Fredrik, den gamle eiken, kom til Nutty og takket henne med et hjertefullt smil. "Du har gjort det, Nutty. Du har brakt latter og glede tilbake til vår skog. Din modighet og utholdenhet har reddet oss."

Nutty smilte og svarte, "Jeg hadde ikke klart dette uten hjelp fra vennene jeg møtte på veien. Vi har alle en rolle å spille i å spre glede."

Så, hver gang solen skinte over Bumblesnort-skogen og skygger ble kastet av de gamle trærne, kunne du høre lyden av latter som fylte luften. Nutty, med et hjerte fylt med takknemlighet og glede, visste at hun alltid ville være en del av denne magiske skogen, og hun så frem til mange flere eventyr sammen med sine venner.

The Enchanted Forest of Bumblesnort

In the mystical and magical Bumblesnort Forest, a variety of fantastic creatures lived. The forest was filled with glowing flowers, singing trees, and small streams that sparkled in the sunlight. But there was one thing missing from this beautiful forest. None of the creatures could laugh anymore. A strange enchantment had cast a gloomy mood over the forest, and even the most exuberant creatures couldn't find a reason to smile.

In the midst of this sorrowful forest lived a brave young squirrel named Nutty. Nutty was known for her bubbly personality and her ability to bring joy to everyone around her. Even when clouds hung heavily over the forest, Nutty tried to find small joys in everyday life, although she herself began to feel the weight of the somber atmosphere.

One day, while Nutty was exploring the forest, she came across an old, wise oak named Elda. Elda was known for her extensive knowledge of Bumblesnort's secrets, and she had long been quiet and serious due to the ongoing enchantment. Nutty approached Elda and asked, "Elda, is there anything I can do to help the forest? I've noticed how sad everyone is, and I want to do everything I can to make them laugh again."

Elda looked at Nutty with kind, old eyes and replied, "Dear Nutty, there is a magical berry called the 'Giggleberry.' This berry has the power to restore laughter and joy to Bumblesnort. But it is not easy to find. The berry only grows at the very top of Joyful Mountain, and the path there is filled with challenges and dangers."

Nutty nodded determinedly. "I will go to Joyful Mountain and find the Giggleberry. I cannot let the forest remain sad."

Elda smiled faintly and gave Nutty a small, golden key. "This key will help you on your journey. It opens an old door hidden in the forest, which can give you assistance when you need it."

With the key in hand and a brave heart, Nutty began her journey. She set out on a path leading to Joyful Mountain, and along the way, she encountered many strange and wondrous creatures. First, she met a talking butterfly named Flutter, who flew around her with a fluttering smile.

"Hello, little squirrel!" said Flutter. "What brings you to this part of the forest?"

Nutty explained her quest, and Flutter was touched. "It's a noble quest you're on. I will help you. I can guide you to a river that will give you strength for your journey."

With Flutter as her guide, Nutty reached a crystal-clear river that sparkled with shimmering water. After drinking from the river, Nutty felt filled with new energy and strength. She thanked Flutter, and the butterfly flew on while Nutty continued toward Joyful Mountain.

The next challenge on Nutty's path was to cross a wide river. Fortunately, she met an old, wise turtle named Toby who was sunbathing by the riverbank. Toby offered to help Nutty cross the river by giving her a pair of magical stones.

"These stones will make it easier for you to cross the river," said Toby. "But remember, you must keep your courage up, even when it looks difficult."

Nutty thanked Toby and began to throw the magical stones from rock to rock across the river. Although the river was wide and the currents were strong, she managed to cross without problems. With gratitude and newfound strength, she continued toward Joyful Mountain.

As Nutty approached the mountain, she was met by an enormous maze of cacti and thorn bushes. The maze was known to be a test area for those wishing to reach the top of the mountain. But Nutty was not going to give up. She remembered the key that Elda had given her and wondered if there was a way to use it.

As she explored the maze, she found a small door hidden behind a thick layer of thorn bushes. Nutty used the key to open the door, and inside, she discovered a cozy little cave filled with glowing crystals. The crystals cast a soft, soothing light and created a beautiful atmosphere.

In the cave, Nutty met a friendly, magical fairy named Sparkle. "Welcome, Nutty," said Sparkle with a shimmering smile. "I have been waiting for you. I will help you navigate through the maze and to the top of Joyful Mountain."

Sparkle used her magical powers to light up the way through the maze and protect Nutty from dangerous thorn bushes and cacti. Together, they managed to find the way out and reached the top of Joyful Mountain. There, at the very highest peak, they found a small, sparkling berry that shone with all the colors of the rainbow. It was the Giggleberry.

Nutty carefully picked the berry and felt a wave of joy and anticipation. With the Giggleberry in hand, she began her descent from the mountain. On her way back to Bumblesnort Forest, she met several creatures she had encountered before. She shared the berry with them, and soon the forest began to fill with laughter and joy.

When Nutty returned to the forest, it was as if a magical transformation had occurred. The animals who had been sad and serious began to laugh and smile again. Laughter spread quickly from one end of the forest to the other, and the mood was filled with a brighter and more lively atmosphere.

Frederik, the old oak, came to Nutty and thanked her with a heartfelt smile. "You did it, Nutty. You have brought laughter and joy back to our forest. Your bravery and perseverance have saved us."

Nutty smiled and replied, "I couldn't have done it without the help of the friends I met along the way. We all have a role to play in spreading joy."

So, whenever the sun shone over Bumblesnort Forest and shadows were cast by the old trees, you could hear the sound of laughter filling the air. Nutty, with a heart full of gratitude and joy, knew that she would always be a part of this magical forest, and she looked forward to many more adventures with her friends.

Professor Puffles Eccentriske Erfindelser

I den lille byen Nordfjæll bodde en eksentrisk professor ved navn Professor Puffle. Professor Puffle var kjent for sine merkelige oppfinnelser og de uventede resultatene de ofte medførte. Enten det var en maskin som skulle gi dem som hadde på seg en tilstand av evig ungdom, men endte opp med å forvandle dem til figurer fra gamle eventyr, eller en robot som skulle vaske hus, men som i stedet skapte et virvar av søppel, så hadde Professor Puffle alltid en oppfinnelse som skapte kaos.

En solfylt dag i Nordfjæll jobbet Professor Puffle ivrig på sitt nyeste prosjekt. Han hadde utviklet en maskin som han kalte "Pratemaskinen 3000." Denne maskinen skulle i teorien gi alle dyr i byen muligheten til å snakke menneskespråk. Professor Puffle var spent på hva dyrene ville si og hvordan det ville endre byen. Han satte maskinen opp i hagen sin og koblet til alle de nødvendige ledningene og rørledningene. Med et fornøyd smil trykket han på den store, blinkende knappen og forventet å høre noe mirakuløst.

I begynnelsen så alt ut til å gå som planlagt. Maskinen begynte å lage en rekke merkverdige lyder, som om den prøvde å forstå hva den skulle gjøre. Så, med et plutselig smell og en skvett av lys, ble maskinen fullstendig stille. Professor Puffle ventet spent, men i stedet for et stort gjennombrudd oppstod det en skikkelig katastrofe.

I løpet av noen få minutter begynte dyrene i Nordfjæll å dukke opp med merkelige lyder og utseender. En stor, grå hund ved navn Max begynte å snakke med en pompøs, britisk aksent og klaget over mangel på te. En liten katt ved navn Bella begynte å holde lange taler om hvordan hun skulle reformere matvanene til alle kattene i byen. Professor Puffle ble overveldet av alt det bråket og de merkelige samtalene som fylte luften.

En av de første dyrene som kom til ham var Max, den store hunden. "God dag, Professor Puffle," sa Max høyt og med en overdreven bøyning. "Jeg må si at jeg er helt sjokkert over mangel på skikkelig britisk te her."

Professor Puffle stirret på Max i vantro. "Max? Er det virkelig deg? Hvorfor snakker du engelsk?"

"Selvfølgelig, kjære professor," svarte Max. "Jeg tror jeg har utviklet en smak for britisk kultur."

Professor Puffle ristet på hodet og forsøkte å forstå hva som hadde skjedd. Han gikk rundt i byen og fant at alle dyrene hadde utviklet forskjellige, ofte bizarre personligheter og begynte å prate i det som virket som en utløst strøm av meninger, teorier og kommentarer. En elg begynte å organisere en storslått festival med høy musikk, mens en mus kom med filosofiske diskusjoner om universets natur.

Situasjonen ble raskt kaotisk, og Nordfjæll ble fylt med bråk og uorden. Professor Puffle måtte handle raskt for å rette opp feilen. Han begynte å jobbe på en ny oppfinnelse som han håpet kunne reversere effektene av Pratemaskinen 3000. Han kalte den nye maskinen "Talesenker 4000," og håpet den ville kunne gi dyrene tilbake deres naturlige tilstand.

Professor Puffle jobbet dag og natt, og på den fjerde dagen av den pågående forvandlingen, var Talesenker 4000 klar. Med et lite håp og en stor dose nervøsitet, begynte han å teste den nye maskinen. Han visste ikke helt hvordan dyrene ville reagere, men han var fast bestemt på å få ting tilbake til det normale.

Det viste seg raskt at maskinen hadde sine egne utfordringer. Den første testen skapte en serie uventede effekter. En kanin begynte å snakke med en fransk aksent og utviklet plutselig en forkjærlighet for fine klær, mens en rotte insisterte på å være en historiker fra det gamle Roma. Professor Puffle begynte å bli frustrert, men han nektet å gi opp.

Med hjelp fra vennene sine, begynte Professor Puffle å finjustere Talesenker 4000. Han jobbet med å forbedre maskinen og justere innstillingene. Underveis lærte han en viktig lekse om betydningen av nøyaktighet i oppfinnelser og verdien av å be om hjelp når man står overfor utfordringer.

På den tiende dagen, etter utallige justeringer og tester, var Talesenker 4000 endelig klar for en siste prøve. Professor Puffle samlet dyrene på torget og forklarte hva han hadde gjort og hvordan han håpet å rette opp situasjonen. Han ba dyrene om å være tålmodige mens han prøvde den nye maskinen.

Da Professor Puffle trykket på den store knappen på Talesenker 4000, skjedde det noe fantastisk. En lysende bølge av energi feide gjennom byen, og dyrene begynte å roe seg ned. Gradvis begynte dyrene å komme tilbake til sine normale personligheter og tale måter.

Max, den store hunden, begynte å oppføre seg som den vennlige hunden han alltid hadde vært, og Bella, katten, ble stille igjen. Dyrene begynte å vise tegn på å være mer i harmoni med seg selv og med hverandre. Byen ble stille, og roen ble gjenopprettet.

Professor Puffle ble møtt med applaus og takknemlighet fra byens innbyggere. "Du har klart det, Professor," sa Max, som nå var tilbake til sin vanlige selvsikkerhet. "Du har reddet oss fra fullstendig kaos."

Professor Puffle smilte og svarte, "Jeg er glad for at alt er tilbake til det normale. Jeg har lært mye om oppfinnelser og viktigheten av å aldri gi opp."

Fra den dagen ble Professor Puffle anerkjent som en helt i Nordfjæll, ikke bare for hans kreative oppfinnelser, men for hans evne til å håndtere og løse problemer på en oppfinnsom måte. Han fortsatte å lage nye oppfinnelser, men med en ny forståelse for balanse og sikkerhet. Dyrene i Nordfjæll ble igjen tilfredse med sitt stille liv, og byen kunne igjen nyte en fredfull hverdag, med bare en liten dose magisk uventethet fra Professor Puffles fremtidige oppfinnelser.

Så, hver gang en ny oppfinnelse ble testet, kunne innbyggerne i Nordfjæll ikke unngå å le og smile. De visste at uansett hvor bisarrt eller merkelig Professor Puffles oppfinnelser ble, ville han alltid prøve sitt beste for å rette opp feilene sine, og byen ville alltid være et sted fylt med kreativitet og moro.

Professor Puffle's Peculiar Inventions

In the small town of Nordfjæll lived an eccentric professor named Professor Puffle. Professor Puffle was famous for his bizarre inventions and the unexpected results they often brought about. Whether it was a machine meant to give its users a state of eternal youth but ended up turning them into characters from old fairy tales, or a robot designed to clean houses but instead creating a mess of trash, Professor Puffle always had an invention that led to chaos.

One sunny day in Nordfjæll, Professor Puffle was working eagerly on his latest project. He had developed a machine he called the "Talkatron 3000." This machine was theoretically designed to give all the animals in town the ability to speak human language. Professor Puffle was excited about what the animals would say and how it would change the town. He set up the machine in his garden and connected all the necessary wires and tubes. With a satisfied smile, he pressed the large, blinking button and expected to hear something miraculous.

At first, everything seemed to go according to plan. The machine began to make a series of strange noises, as if it was trying to figure out what it was supposed to do. Then, with a sudden bang and a burst of light, the machine went completely silent. Professor Puffle waited in anticipation, but instead of a great breakthrough, a full-blown disaster occurred.

Within minutes, the animals in Nordfjæll began to appear with odd sounds and appearances. A large, gray dog named Max started speaking with a pompous British accent and complained about the lack of tea. A small cat named Bella began giving long speeches about how she was going to reform the eating habits of all the cats in town. Professor Puffle was overwhelmed by all the noise and strange conversations filling the air.

One of the first animals to approach him was Max, the large dog. "Good day, Professor Puffle," said Max loudly and with an exaggerated bow. "I must say I am quite shocked by the lack of proper British tea here."

Professor Puffle stared at Max in disbelief. "Max? Is that really you? Why are you speaking English?"

"Of course, dear professor," replied Max. "I believe I have developed a taste for British culture."

Professor Puffle shook his head and tried to understand what had happened. He walked around the town and found that all the animals had developed different, often bizarre personalities and started talking in what seemed like a flood of opinions, theories, and comments. An elk began organizing a grand festival with loud music, while a mouse gave philosophical discussions about the nature of the universe.

The situation quickly became chaotic, and Nordfjæll was filled with noise and disorder. Professor Puffle had to act quickly to correct the mistake. He started working on a new invention that he hoped would reverse the effects of the Talkatron 3000. He called the new machine "The Story Suppressor 4000," and hoped it would return the animals to their natural state.

Professor Puffle worked day and night, and on the fourth day of the ongoing transformation, the Story Suppressor 4000 was ready. With a little hope and a large dose of nervousness, he began testing the new machine. He wasn't quite sure how the animals would react, but he was determined to get things back to normal.

It quickly became clear that the machine had its own challenges. The first test created a series of unexpected effects. A rabbit began speaking with a French accent and suddenly developed a taste for fine clothes, while a rat insisted on being a historian from ancient Rome. Professor Puffle started to get frustrated, but he refused to give up.

With help from his friends, Professor Puffle began to fine-tune the Story Suppressor 4000. He worked on improving the machine and adjusting the settings. Along the way, he learned an important lesson about the importance of precision in inventions and the value of asking for help when facing challenges.

On the tenth day, after countless adjustments and tests, the Story Suppressor 4000 was finally ready for one last trial. Professor Puffle gathered the animals in the town square and explained what he had done and how he hoped to fix the situation. He asked the animals to be patient while he tested the new machine.

When Professor Puffle pressed the large button on the Story Suppressor 4000, something amazing happened. A glowing wave of energy swept through the town, and the animals began to calm down. Gradually, the animals started to return to their normal personalities and ways of speaking.

Max, the large dog, began to act like the friendly dog he had always been, and Bella, the cat, became quiet again. The animals started to show signs of being more in harmony with themselves and with each other. The town became quiet, and peace was restored.

Professor Puffle was met with applause and gratitude from the townspeople. "You did it, Professor," said Max, now back to his usual self-confidence. "You saved us from complete chaos."

Professor Puffle smiled and replied, "I'm glad everything is back to normal. I've learned a lot about inventions and the importance of never giving up."

From that day, Professor Puffle was recognized as a hero in Nordfjæll, not only for his creative inventions but also for his ability to handle and solve problems in an inventive way. He continued to create new inventions, but with a new understanding of balance and safety. The animals in Nordfjæll were once again content with their quiet lives, and the town could once again enjoy a peaceful daily routine, with just a little bit of magical unpredictability from Professor Puffle's future inventions.

So, every time a new invention was tested, the people of Nordfjæll couldn't help but laugh and smile. They knew that no matter how bizarre or strange Professor Puffle's inventions became, he would always try his best to fix his mistakes, and the town would always be a place filled with creativity and fun.

Kaptein Blåskjegg og Den Magiske Kartet

I den lille kystbyen Nordvik levde det en eventyrlysten gutt ved navn Lars. Lars var kjent for sin kjærlighet til havet og for å samle på gamle kart og sjeldne gjenstander som bølgene førte til stranden. En dag, mens han utforsket den gamle havnen, fant han et kart som var ulikt noe han hadde sett før. Kartet var falmet, med intrikate tegninger av fjerne øyer, merkelige symboler og et sted markert med en stor "X".

Lars var nysgjerrig. Han løp hjem til sitt rom, brettet ut kartet på skrivebordet og studerte det nøye. Midt på kartet sto det med små bokstaver: "Kaptein Blåskjeggs Skatt". Lars hadde hørt historier om den beryktede piraten Kaptein Blåskjegg, som angivelig hadde gjemt en uendelig skatt et sted på de mystiske øyene i nord. Ingen hadde noensinne funnet skatten, og mange mente at kartene som sirkulerte var falske.

Men dette kartet føltes annerledes. Lars kunne ikke forklare det, men han følte en tiltrekning til det – som om det kalte på ham. "Dette er min sjanse til et ekte eventyr," tenkte Lars og bestemte seg for å sette ut på en reise for å finne Kaptein Blåskjeggs skatt.

Lars visste at han ikke kunne dra alene, så han gikk til sin beste venn, Maja, som også elsket eventyr. Maja var alltid modig og klar for en utfordring, og da Lars viste henne kartet, lyste øynene hennes opp.

"Vi må dra!" utbrøt Maja. "Dette er den største sjansen vi noensinne har hatt!"

De to vennene begynte raskt å samle forsyninger. De pakket mat, tau, en lommelykt og en gammel kompass som Lars hadde fått av sin bestefar. "Dette vil lede oss," sa Lars selvsikkert mens han holdt opp kompasset.

Dagen etter satte de ut i en liten robåt som tilhørte Lars' onkel. Havet var rolig, men Lars og Maja visste at reisen ville bli utfordrende. De fulgte kartet nøye, og etter flere timer med roing begynte de å nærme seg den første øya på kartet.

Øya var dekket av tett skog, med store trær som strakte seg opp mot himmelen. Lars og Maja steg forsiktig i land og begynte å utforske. På kartet var det et symbol som lignet et øye, plassert midt på øya. "Vi må finne dette øyet," sa Maja bestemt.

Etter å ha vandret gjennom skogen i flere timer, kom de til en stor stein med et tydelig øyesymbol gravert inn i den. "Det må være her," sa Lars. De begynte å lete rundt steinen, og etter litt graving fant de en liten kiste. Kisten var låst, men ved siden av den lå en nøkkel. De åpnet kisten og fant et gammelt kompass – men dette var annerledes. Nålen pekte ikke nord. I stedet pekte den rett mot havet.

"Dette må være den magiske kompasset," sa Lars. "Det leder oss til skatten!"

Tilbake i båten fulgte de kompasset, som nå pekte mot en ukjent retning. Etter flere timer på havet, begynte en tykk tåke å omgi dem. "Hva nå?" spurte Maja, litt nervøs.

Plutselig begynte kartet som Lars hadde funnet, å gløde svakt. Kartet viste nå en ny rute, som ledet dem gjennom tåken. Lars og Maja fulgte nøye kartets veiledning, og snart så de en ukjent øy reise seg foran dem. Denne øya var ikke merket på noe moderne kart – det var som om den bare eksisterte på dette magiske kartet.

Øya var merkelig stille. Ingen fugler sang, og ingen vind blåste. Lars og Maja følte at de nærmet seg noe stort. De fulgte kartets siste instruksjoner, som ledet dem til en stor, mørk hule på øyas sørside.

Inne i hulen var det kaldt og fuktig. Veggene var dekket av alger, og det luktet salt sjøvann. Etter å ha gått i flere minutter gjennom den mørke passasjen, kom de til en stor steindør med en gravering av en pirat – Kaptein Blåskjegg selv. "Vi er her," hvisket Lars.

De skjøv døren opp, og inne i rommet var det en enorm skatt – gullmynter, edelstener, og gamle relikvier stablet i hauger. Men midt i rommet sto en stor statue av Kaptein Blåskjegg, som så ut til å vokte skatten.

Lars og Maja var forbløffet. De hadde faktisk funnet Kaptein Blåskjeggs skatt! Men da de nærmet seg skatten, begynte statuen å bevege seg. Med en dyp, buldrende stemme sa den: "Dere har funnet min skatt, men vil dere ta den med eller la den ligge i fred?"

Lars og Maja så på hverandre. De visste at det å ta skatten kunne ha konsekvenser. "Vi kom hit for eventyret," sa Lars. "Ikke for gull og rikdom."

"Ja," svarte Maja. "Vi vil la skatten ligge."

Med disse ordene forsvant statuen sakte tilbake til steinen, og en dør åpnet seg på den andre siden av rommet. "Dette er utveien," sa Lars, og sammen forlot de skatten og forlot hulen.

Lars og Maja kom tilbake til Nordvik, hvor de fortalte sine venner om det utrolige eventyret. De hadde kanskje ikke tatt med seg gull eller edelstener, men de hadde fått noe mye mer verdifullt – minner om et eventyr de aldri ville glemme.

Fra den dagen visste Lars at det var mange flere kart og mysterier der ute som ventet på å bli oppdaget. Og han var klar for hvert eneste eventyr som kom hans vei.

Captain Bluebeard and the Magic Map

In the small coastal town of Nordvik, there lived an adventurous boy named Lars. Lars was known for his love of the sea and for collecting old maps and rare objects that the waves brought to the shore. One day, while exploring the old harbor, he found a map unlike any he had seen before. The map was faded, with intricate drawings of distant islands, strange symbols, and a place marked with a large "X."

Lars was curious. He ran home to his room, spread out the map on his desk, and studied it closely. In small letters, it read: "Captain Bluebeard's Treasure." Lars had heard stories of the notorious pirate Captain Bluebeard, who had allegedly hidden an endless treasure somewhere on the mysterious northern islands. No one had ever found the treasure, and many believed the maps that circulated were fakes.

But this map felt different. Lars couldn't explain it, but he felt drawn to it – as if it were calling him. "This is my chance for a real adventure," Lars thought and decided to embark on a journey to find Captain Bluebeard's treasure.

Lars knew he couldn't go alone, so he went to his best friend, Maja, who also loved adventure. Maja was always brave and ready for a challenge, and when Lars showed her the map, her eyes lit up.

"We have to go!" exclaimed Maja. "This is the biggest chance we've ever had!"

The two friends quickly began gathering supplies. They packed food, rope, a flashlight, and an old compass that Lars had gotten from his grandfather. "This will guide us," Lars said confidently as he held up the compass.

The next day, they set out in a small rowboat that belonged to Lars' uncle. The sea was calm, but Lars and Maja knew the journey would be challenging. They followed the map closely, and after hours of rowing, they began to approach the first island on the map.

The island was covered in dense forest, with large trees stretching up toward the sky. Lars and Maja carefully stepped ashore and began exploring. On the map, there was a symbol resembling an eye, placed in the middle of the island. "We need to find this eye," Maja said determinedly.

After wandering through the forest for hours, they came to a large stone with a clear eye symbol carved into it. "This must be the place," Lars said. They began searching around the stone, and after a bit of digging, they found a small chest. The chest was locked, but beside it lay a key. They opened the chest and found an old compass – but this one was different. The needle didn't point north. Instead, it pointed straight toward the sea.

"This must be the magic compass," Lars said. "It's guiding us to the treasure!"

Back in the boat, they followed the compass, which now pointed in an unknown direction. After hours at sea, a thick fog began to surround them. "What now?" Maja asked, a little nervous.

Suddenly, the map Lars had found began to glow faintly. The map now revealed a new route, guiding them through the fog. Lars and Maja carefully followed the map's instructions, and soon, they saw an unfamiliar island rise before them. This island wasn't marked on any modern map – it was as if it only existed on this magic map.

The island was eerily silent. No birds sang, and no wind blew. Lars and Maja felt they were nearing something big. They followed the map's final instructions, leading them to a large, dark cave on the island's south side.

Inside the cave, it was cold and damp. The walls were covered in algae, and it smelled of salty seawater. After walking for several minutes through the dark passage, they came to a large stone door with an engraving of a pirate – Captain Bluebeard himself. "We're here," Lars whispered.

They pushed the door open, and inside the room was an enormous treasure – gold coins, gemstones, and ancient relics piled in heaps. But in the center of the room stood a large statue of Captain Bluebeard, seemingly guarding the treasure.

Lars and Maja were astonished. They had actually found Captain Bluebeard's treasure! But as they approached the treasure, the statue began to move. In a deep, rumbling voice, it said, "You have found my treasure, but will you take it or leave it in peace?"

Lars and Maja looked at each other. They knew that taking the treasure could have consequences. "We came here for the adventure," Lars said. "Not for gold and riches."

"Yes," Maja replied. "We will leave the treasure."

With those words, the statue slowly returned to stone, and a door opened on the other side of the room. "This is the way out," Lars said, and together they left the treasure and exited the cave.

Lars and Maja returned to Nordvik, where they told their friends about the incredible adventure. They may not have brought back gold or gemstones, but they had gained something much more valuable – memories of an adventure they would never forget.

From that day on, Lars knew there were many more maps and mysteries out there waiting to be discovered. And he was ready for every adventure that came his way.